# Leven in Harmonie

Een toespraak gegeven door
Sri Mata Amritanandamayi
op de Millennium Wereldvrede-
topconferentie van
Religieuze en Spirituele Leiders

Algemene Vergadering van de Verenigde
Naties, 29 augustus 2000

Mata Amritanandamayi Center, San Ramon
Californië, Verenigde Staten

**Leven in Harmonie**, een toespraak gegeven door Sri Mata Amritanandamayi op de Millennium Wereldvrede-topconferentie van religieuze en spirituele leiders, Algemene Vergadering van de Verenigde Naties, 29 augustus 2000

Uitgegeven door:
    Mata Amritanandamayi Center
    P.O. Box 613
    San Ramon, CA 94583
    Verenigde Staten

——————— *Living in Harmony (Dutch)* ———————

Copyright © 2000 Mata Amritanandamayi Center
Eerste uitgave van het MA Center: mei 2016

In Nederland:
    www.amma.nl
    info@amma.nl

In België:
    www.vriendenvanamma.be

In India:
    www.amritapuri.org
    inform@amritapuri.org

# Inhoud

| | |
|---|---|
| **Voorwoord** | 4 |
| **Inleiding** | 9 |
| **Leven in Harmonie** | 20 |
| De wereld is één familie | 26 |
| Neem de essentie van religies in je op | 30 |
| Een nieuwe tijd van harmonie onder de godsdiensten | 33 |
| Het herkennen van conflictgebieden | 33 |
| Het bevorderen van verdraagzaamheid en het helen van de wonden van conflicten | 36 |
| Godsdienstvrijheid | 37 |
| Het probleem van bekering | 37 |
| Extremisme | 39 |
| Innerlijke verandering: de sleutel tot echte vrede | 39 |
| Spirituele principes in het onderwijs | 41 |
| Economische ongelijkheid | 43 |
| De plicht van naties | 44 |
| Geen enkele inspanning is nutteloos | 45 |

*Om Amriteshwaryai namah*
# Voorwoord

Het was een heel bijzonder samenzijn: drie dagen van vreugde en hernieuwd optimisme, van het delen van wijsheid en ervaring, toen religieuze leiders uit meer dan 150 landen samenkwamen in de Algemene-Vergaderingzaal van de Verenigde Naties. In een tijd dat de idee van wereldvrede niet meer dan een mooie droom lijkt, bracht deze bijeenkomst van de religieuze en spirituele leiders van de wereld een sprankje hoop voor vredelievende mensen overal.

De harten van de deelnemers waren vol liefde en enthousiasme, wat de sfeer van een reünie schiep onder de leden van deze wereldomvattende familie. Op de eerste dag van de conferentie begonnen de programma's met het blazen van de schelp, Taikotrommels en een diep ontroerende gebedsbijeenkomst Dit schiep een spiritueel levendige atmosfeer zoals de Algemene Vergadering van de VN nog nooit eerder meegemaakt had. De talen waren

*Voorwoord*

verschillend, maar de diepe en krachtige gevoelens waren steeds hetzelfde.

Toen Amma de eerste dag naar het podium liep, verwelkomde de hoofdcoördinator van de conferentie, de Heer Bawa Jain, haar en zei: "Hartelijk welkom, Moeder. Wilt U ons met Uw gebeden zegenen?"

Amma heeft gezegd: "Gebed betekent nederigheid. Vrede is een ervaring die alle aspecten van ons leven vult wanneer we voor de hele schepping nederig neerbuigen." En nu droeg Amma in diezelfde geest twee bekende Sanskriet gebeden op.

Het is gemakkelijk om woorden te uiten, maar om duidelijk de betekenis van wat er gezegd wordt over te brengen op een manier die tot de diepere lagen van het bewustzijn doordringt, is iets wat alleen een gerealiseerde ziel als Amma kan doen. Haar gebed schiep een heel bijzondere atmosfeer. Door de zoete en kalmerende gevoelens van liefde en vrede over te brengen en wakker te maken, ging Amma's stem als een koele, zachte wind door de Algemene Vergadering.

Amma's toespraak de volgende dag werd

voor een volle zaal gehouden. Amma, de mededogende Moeder van allen, stond achter het podium met het embleem van de Verenigde Naties en sprak in eenvoudig en helder Malayalam.

Er werd hard gelachen toen Amma het verhaal vertelde van de drie spirituele leiders die besloten om een bijeenkomst te houden. Verscheidene malen gaven de afgevaardigden een staande ovatie. Zij applaudisseerden vooral bij haar verwijzing naar wapens: "Enkel het overbrengen van de kernwapens van de wereld naar een museum zal op zich geen wereldvrede tot stand brengen. De kernwapens in de geest moeten eerst vernietigd worden."

Amma's toespraak was op veel manieren uniek. De essentie was rijk door het licht van zuivere spirituele ervaring. De stem van hoogste vrede, liefde en harmonie sprak hier over de eigenschappen die zij belichaamde. Dit maakte haar boodschap aangrijpend en gaf het een speciale betekenis.

Toen Amma tijdens de conferentie door de BBC, PBS en andere nieuwsmedia geïnterviewd werd, benadrukte ze de noodzaak van een

*Voorwoord*

forum van spirituele en religieuze leiders dat spirituele oplossingen voor de bestaande problemen in de samenleving bespreekt, formuleert en in praktijk brengt. Ze zei: "De oplossingen bestaan al in de religieuze teksten als spirituele visies en inzichten. Onze voorvaderen, de grote heiligen en wijzen, die het hoogtepunt van het menselijke bestaan bereikten, hebben ons veel advies gegeven hoe we een vreedzaam en harmonieus leven kunnen leiden. De echte vraag is of we bereid zijn om dit in praktijk te brengen."

Er was een betoverend moment toen een journalist Moeder vroeg wat ze wilde zijn als ze de wereld zou kunnen regeren. Amma zei: "Ik zou een veger willen zijn." De journalist keek haar vragend aan en Amma legde lachend uit: "Ik zou ieders geest schoonvegen!"

Amma verdrijft de duisternis die de menselijke ziel omgeeft en brengt de mensen naar buiten in het licht van Gods genade. Deze onweerstaanbare Amma, die de hele schepping liefheeft, geeft er de voorkeur aan om zichzelf te omschrijven als een nederige veger van de menselijke geest in plaats van de spirituele leider van de wereld die zij is.

Het ligt buiten mijn vermogen om Amma en de wijsheid die zij ons geeft, te beschrijven. Moge ik met ontzag vervuld, wat ik altijd ben, in uiterste verbazing eenvoudig buigen voor dit onbegrijpelijke verschijnsel dat Amma genoemd wordt.

—Swami Amritaswarupananda

# Inleiding

Dag Hammarskjöld, de eerste Secretaris Generaal van de Verenigde Naties zei eens: "We hebben geprobeerd om vrede op deze aarde tot stand te brengen, maar we hebben erbarmelijk gefaald. Tenzij er een spirituele wederopleving is, zal deze wereld geen vrede kennen." En nu bij het begin van het nieuwe millennium heeft de Verenigde Naties, voor het eerst in zijn geschiedenis van vijfenvijftig jaar, religieuze en spirituele leiders van verschillende overtuigingen van iedere religie in de wereld uitgenodigd om samen te komen om een alliantie met de Verenigde Naties te vormen. Het doel van de conferentie was om manieren vast te stellen waarop de mondiale religieuze en spirituele gemeenschappen samen konden werken als religieuze bondgenoten met de Verenigde Naties bij speciale vredes-, armoede- en milieu-initiatieven. De conferentie werd gehouden van 28 tot 31 augustus 2000 in de Algemene Vergaderingzaal in het hoofdkantoor van de Verenigde Naties en het Waldorf-Astoriahotel.

28 augustus werd uitgeroepen tot "Dag van

Gebed voor de Wereldvrede." De Secretaris Generaal van de conferentie, Bawa Jain, gaf een verklaring uit: "We vragen mensen over de hele wereld om op iedere tijd van de dag in hun gebedshuizen, kantoren, straten of huizen samen te komen om met de religieuze leiders mee te gaan als zij de Verenigde Naties binnengaan en samenkomen in gebed voor vrede."

Zo'n tweeduizend vertegenwoordigers van de spirituele en religieuze tradities in de wereld woonden deze conferentie bij. Van hen gaven er dertig lezingen over de hoofdonderwerpen van de conferentie. Officieel was Moeder een van de stemmen van het Hindoeïsme, maar haar boodschap was universeel.

De eerste dag was gepland om de afgevaardigden en hoogwaardigheidsbekleders bijeen te brengen, hun aandacht te richten op de te bespreken onderwerpen en om de aanwezigheid en de zegeningen van het Goddelijke over de werkzaamheden af te smeken. Nadat de afgevaardigden hun plaats in de Algemene Vergadering hadden ingenomen, kwamen Amma en de andere sprekers stil in een rij binnen als in een lopende meditatie. Zij gingen zitten en de

*Inleiding*

stilte eindigde plotseling met de overweldigende weergalm van de Taikotrommels. Op de een of andere manier scheen deze tegenstelling tussen stilte en krachtig geluid een metafoor voor deze conferentie. Hier waren mensen van verschillende en vaak scherp contrasterende overtuigingen, ervaringen en achtergronden samengekomen om uit deze verscheidenheid een nieuwe en harmonieuze wereldgemeenschap te voeden, die gebaseerd is op gezamenlijke betrokkenheid bij vrede. Moeder zou juist deze materie de volgende dag in haar toespraak ter sprake brengen, toen ze zei:

*"De woorden 'natie' en 'religie' houden vaak verdeling en ongelijkheid in. Iedere natie en religie heeft zijn eigen speciale kenmerken, ideologieën en belangstelling. Deze verscheidenheid lijkt misschien hindernissen te creëren bij het bevorderen van vrede, geluk en welvaart. Maar in werkelijkheid is het deze verscheidenheid die rijkdom en schoonheid aan de wereld en het menselijke leven schenkt, net zoals een boeket dat van verschillende bloemen is gemaakt, mooier is dan een boeket van bloemen die precies hetzelfde zijn."*

Hetzelfde thema, eenheid in verscheidenheid,

werd door Bawa Jain weergegeven in zijn schriftelijke welkomstwoord aan de conferentiedeelnemers: "In de tijd dat we samen zijn, zullen we onderzoeken hoe onze religieuze en politieke instellingen kunnen samenwerken om grotere vrede te garanderen, de integriteit van het milieu te herstellen en een einde te maken aan de wanhoop door armoede." Religieuze en politieke instellingen zijn niet altijd gemakkelijke partners. Deze conferentie deed een beroep op leden van beide soorten instellingen om samen te werken, daarbij vertrouwend op hun geëngageerdheid bij de verbetering van de mensheid.

Na de Taikotrommels en andere openingsceremonies verwelkomde de Heer Jain de verzamelde afgevaardigden en vroeg toen de eerbiedwaardige leiders van de religieuze en spirituele tradities om gebeden op te dragen. Hij riep Amma met de vertrouwdheid van een zoon en tegelijkertijd met het hoogste respect: "Moeder, wilt u ons met uw gebeden zegenen?"

In het informatiemateriaal staat Amma natuurlijk vermeld als: 'Sri Mata Amritanandamayi, hindoeïstisch spiritueel leider.' Maar zelfs bij deze voorname gelegenheid kon de waarheid

*Inleiding*

van haar intieme relatie met de wereld niet verborgen blijven. De Secretaris Generaal van de conferentie, die voor de hele wereld sprak en die net als wij allemaal een kind van God is, zei: "Moeder, wilt U ons zegenen?"

Deze intimiteit begeleidt Amma waarheen ze ook gaat, of het nu naar de hut is van een eenvoudige dorpeling in Kerala, het huis van de premier van India of de zalen van de Verenigde Naties. Dit wordt uitgenodigd door Amma's eigen houding, haar ontwapenende eenvoud, haar bevallige nederigheid en onmiskenbare liefde voor iedereen.

Amma reciteerde twee gebeden voor de wereld, die Hindoes overal kennen, twee gebeden die dagelijks in al haar ashrams gereciteerd worden, twee gebeden die de doelstellingen van de Millennium Vredesconferentie samenvatten. Eerst vertaalde Swami Amritaswarupananda ze in het Engels en daarna reciteerde Moeder ze in het Sanskriet.

*"Leid ons van onwaarheid naar*
*waarheid, van duisternis naar het licht*
*en van de dood naar onsterfelijkheid.*

*Mogen alle wezens in alle werelden
gelukkig zijn.
Om, vrede, vrede, vrede"*

Zij die bij het begin van dit nieuwe millennium op 31 december 1999 om middernacht bij Amma in de tempel in Amritapuri waren, herinneren zich hoe zij de hele gemeenschap bijna een half uur lang bij het zingen van dit gebed leidde en hoe ze om klokslag middernacht in samadhi ging. Op oudejaarsavond bad zij in de intimiteit van haar ashram, maar deze keer herhaalde ze hetzelfde gebed in de aanwezigheid van de religieuze en spirituele leiders van de wereld, in de zalen van de Verenigde Naties.

De tweede dag van de conferentie waren er momenten van gebed en muziek, maar het was vooral een dag van toespraken.

De Secretaris Generaal van de Verenigde Naties, Kofi A. Annan gaf de inaugurele rede. Later sprak de voorzitter van het Internationaal Adviescomité voor de conferentie, Dr. Maurice Strong, over "Religie, Vrede en de Verenigde Naties." Vervolgens kwam de thematoespraak van Dr. Ted Turner, erevoorzitter van de

*Inleiding*

conferentie en vice-voorzitter van Time Warner Incorporated. De informele gespreksstijl van de Heer Turner boeide de toehoorders. Hij vertelde in simpele, eerlijke taal de gebeurtenissen die hem geholpen hadden om zijn eigen visies op spirituele alomvattendheid te ontwikkelen. Uit de reacties van het gehoor was het duidelijk dat zijn ervaringen bij veel luisteraars weerklank en herkenning vonden en dat zijn fundamentele houding ter ondersteuning van een religieuze dialoog en acceptatie gedeeld werd.

Amma gaf haar toespraak tijdens de zitting over "De rol van religie bij het oplossen van conflicten." Voor het eerst in de geschiedenis weerklonk in de zalen van de Algemene Vergadering van de Verenigde Naties de Malayalam taal. De toehoorders konden koptelefoons gebruiken om de toespraak te volgen, want Moeders woorden werden simultaan vertaald in het Engels, Frans, Chinees en een aantal andere talen. In de vergaderzaal was een donderend applaus toen Amma haar rede beëindigde.

Voor hen die niet gezegend zijn met aanwezigheid in de Zaal van de Algemene Vergadering op die gunstige dag, wordt dit boekje uitgegeven zodat ze zelf kunnen lezen wat Mata Amritanandamayi overbracht op de afgevaardigden in de conferentie en op de wereld.

Toen Amma een paar dagen later naar India terugkeerde, werd zij op het vliegveld in Cochin door een grote menigte en verscheidene verslaggevers verwelkomd.

Onderweg van het vliegveld naar Amritapuri werd Amma door duizenden mensen ontvangen toen haar auto zich langzaam een weg baande langs de mensen die haar gelukwensten. In de plaatselijke dorpen en op de zeeweg naar de ashram eerde ieder gezin Amma ongeacht hun religie of kaste. Zij deden dit op de traditionele manier door olielampen voor hun huis aan te steken, wierook te branden en met kamfer te zwaaien. Velen boden Amma bloemenkransen aan en bestrooiden haar met bloemblaadjes. Enthousiast gejuich en vuurwerk gaven aan hoe zij vooruitging. Amma had vier uur nodig om de laatste zeven kilometer af te leggen. Zij nam de tijd om *prasad* te geven aan iedereen die zij passeerde. Het enthousiasme en de vreugde van de menigte weerspiegelde de trots die zij voelden omdat een *Mahatma*, die één van hen was, de glorie van hun oude cultuur aan de wereld had aangeboden.

Om
Asatoma sat gamaya
Tamasoma jyotir gamaya
Mrityorma amritam gamaya
Om shanti shanti shanti

Leid ons van onwaarheid naar waarheid
van duisternis naar licht
van dood naar onsterfelijkheid.
Om, vrede, vrede, vrede

Om
Lokah samastah sukhino bhavantu
Lokah samastah sukhino bhavantu
Lokah samastah sukhino bhavantu
Om shanti shanti shanti

Mogen alle wezens in alle werelden
gelukkig zijn
Om, vrede, vrede, vrede

# Leven in Harmonie

*De rol van religie bij
het oplossen van conflicten*

*Een toespraak gegeven door*
**Sri Mata Amritanandamayi**
*op de Millennium Wereldvrede-topconferentie
van Religieuze en Spirituele Leiders
Algemene Vergadering van de Verenigde Naties
29 augustus 2000*

Gegroet, allen die hier bijeengekomen zijn, die werkelijk de belichaming van liefde en het hoogste Zelf zijn.

We zijn het nieuwe millennium binnengegaan met grote hoop en we verwachtten veel verandering. Maar hoewel de cijfers die het jaar aangeven anders zijn, is er in wezen verder niets veranderd. De echte verandering moet in onszelf plaatsvinden, want alleen wanneer conflict en negativiteit in ons verwijderd worden, kunnen we een echt opbouwende rol spelen bij het tot stand brengen van vrede. De onschatbare pogingen van de Verenigde Naties om naties samen te brengen scheppen vrede en harmonie. Zij hebben als doel vrede voor ogen en verdienen veel lof. Amma buigt uit eerbied voor uw inspirerende en oprechte pogingen.

Ontelbare millennia zijn er voorbij gegaan sinds de dageraad van de mensheid. Het is een lange reis geweest op zoek naar vrede, welvaart en geluk. We hebben opmerkelijke vooruitgang gemaakt. Het is aan ieder van ons om het nieuwe millennium rijker en meer vervullend te maken dan de vorige. Ons doel moet niet alleen een bloeiende en welvarende wereld zijn, maar een wereld die wordt gekenmerkt door vrede, samenwerking, eenheid en mededogen voor alle levende wezens. Het is ook nodig dat de hele wereld cultureel, moreel en spiritueel vooruitgaat.

Vandaag zijn er honderden naties en religies. De woorden 'natie' en 'religie' houden vaak verdeling en ongelijkheid in. Iedere natie en religie heeft zijn eigen speciale kenmerken, ideologieën en belangstelling. Deze verscheidenheid lijkt misschien hindernissen te creëren bij het

## Amma's toespraak

bevorderen van vrede, geluk en welvaart. Maar in werkelijkheid is het deze verscheidenheid die rijkdom en schoonheid aan de wereld en het menselijke leven schenkt, net zoals een boeket dat van verschillende bloemen is gemaakt, mooier is dan een boeket van bloemen die precies hetzelfde zijn.

Niemand kan de verscheidenheid van de wereld ontkennen, want dit is de wezenlijke aard ervan. Als we een dieper inzicht krijgen en de edelste menselijke waarden in ons leven accepteren, zullen we ons realiseren dat de schoonheid van de wereld juist in deze verscheidenheid ligt.

Door de eeuwen heen hebben we veel lessen geleerd door een groot aantal ervaringen, maar op veel gebieden hebben we ook gefaald. Alleen al in de afgelopen eeuw hebben we twee wereldoorlogen meegemaakt waarin miljoenen mannen, vrouwen en kinderen het leven verloren hebben. Onlangs zijn we getuige geweest van vergelijkbare schokkende tragedies. De mogelijkheid van een atoomoorlog blijft de wereld bedreigen. De verspreiding van terrorisme is een zaak die de hele wereld aangaat.

Religieuze en etnische vervolging blijft de mensheid plagen. Van groot belang zijn ook de groeiende problemen van geweld onder onze jeugd, van drugmisbruik, kindermisbruik, enzovoorts. Talloze mensen sterven iedere dag door onnodig geweld in onze steden. Verder moeten we de problemen van hongersnood, armoede, ziekte, milieuverontreiniging en de overmatige exploitatie van de natuur op een praktische manier aanpakken.

We leven in een tijdperk waarin de wetenschap en de moderne communicatie de wereld samengebracht hebben in één kleine gemeenschap, waarbij de beperkingen van tijd en afstand verminderd worden. Vandaag de dag kan iemand over de hele aarde reizen in dezelfde tijd die vroeger nodig was om in zijn of haar eigen staat of provincie te reizen. De laatste ontwikkelingen op het gebied van de telecommunicatie brengen ons onmiddellijk op de hoogte van gebeurtenissen die overal op de wereld plaatsvinden. Gebeurtenissen in één deel van de aarde beïnvloeden de gehele planeet in meer of mindere mate. Maar hoewel de wereld door de techniek dichter bij elkaar

*Amma's toespraak*

gekomen is, zijn we in ons hart niet dichter bij elkaar gekomen. In feite lijken de mensen steeds meer verdeeld onder elkaar te worden. Bijvoorbeeld gezinsleden die fysiek dicht bij elkaar zijn, leven vaak alsof ze gescheiden eilanden zijn. De kennis en macht die wij mensen verkregen hebben, hebben ons ook meer geïsoleerd en egoïstisch gemaakt, wat de zaden voor conflict zaait.

Samenlevingen en naties bestaan uit individuen. Als we terugkijken in de geschiedenis, kunnen we zien dat alle conflicten voortkomen uit conflicten in het individu. En wat is de bron van dit innerlijke conflict? Het is het gebrek aan bewustzijn van onze ware aard, die ene levende kracht in ons, waarvan we allemaal een deel zijn. De rol van spiritualiteit, echte religie is om dit bewustzijn wakker te maken en om ons te helpen eigenschappen te ontwikkelen als liefde, meeleven, verdraagzaamheid, geduld en nederigheid.

Er is één Waarheid die door de gehele schepping straalt. Rivieren en bergen, planten en dieren, de zon, de maan en de sterren, jullie en ik – het zijn allemaal uitdrukkingen van deze ene Werkelijkheid. Er hebben vele mensen die deze waarheid door hun eigen ervaring gerealiseerd hebben, op deze aarde gelopen en er zullen er nog velen komen. De moderne wetenschap gaat ook langzaam naar de ontdekking van deze zelfde waarheid.

Als wereldvrede een werkelijkheid wil worden, moeten vrede en harmonie eerst het hart van ieder individu vullen. Liefde voor de mensheid moet in ons wakker gemaakt worden. Liefde en eenheid zijn niet vreemd aan de menselijke natuur. Zij zijn onze meest fundamentele instincten, de basis van ons bestaan.

## De wereld is één familie

De wereld is één familie waarvan we allemaal lid zijn. Er is vrede en eenheid in een gezin wanneer de leden hun plichten en taken vervullen in het besef dat ieder lid een integraal deel van het geheel is. Alleen wanneer we als een wereldgezin samenwerken, en niet alleen maar tot een bepaald ras, religie of natie behoren, zullen vrede en geluk weer zegevieren op deze aarde.

Wanneer ik over de wereld reis, komen er

## Amma's toespraak

talloze mensen naar me toe om hun verdriet te delen. Het zijn Hindoes, Christenen en Moslims, mannen en vrouwen van alle religies en uit alle landen. Sommigen hebben mij verteld dat een echtgenoot, echtgenote of kind gedood is in een religieuze schermutseling. Soms is er een conflict tussen Christenen en Moslims, soms is het tussen Hindoes en Moslims en een andere keer tussen Christenen en Hindoes. Of het kan tussen andere religieuze groepen, rassen of landen zijn. In zo'n geval ben ik erg bedroefd. Zulke conflicten ontstaan doordat mensen niet tot de essentie van hun religie doordringen. Ze zijn niet in staat om de essentiële principes van hun godsdienst in zich op te nemen.

Er waren eens twee landen aan beide kanten van een meer. De mensen van deze landen waren traditioneel vijanden. Op een dag was er plotseling een storm en er kapseisden een paar boten. Een man zwom voor zijn leven toen hij een andere man zag verdrinken. Hij kwam hem te hulp en slaagde erin hem te redden. Toen zij de kust bereikt hadden, waren zij beiden zo opgelucht dat ze elkaar omhelsden en begonnen te praten. Het duurde niet lang voordat zij ontdekten dat zij tot vijandig gezinde landen behoorden en onmiddellijk laaide de haat in hen op. Degene die de ander gered had, schreeuwde: "Als ik geweten had dat jij mijn vijand was, dan had ik je laten verdrinken!" Toen deze man de nationaliteit van de ander niet wist, was hij zich alleen bewust van hun gemeenschappelijk menszijn. Hij voelde een instinctief besef van broederschap en mededogen zo sterk dat hij zijn eigen leven riskeerde om de ander te redden. Voor een ogenblik was hij allereerst een menselijk wezen met de hoogste en meest passende menselijke waarden. Zijn andere banden waren slechts van secundair belang. We zijn allemaal in de grond mensen, leden van dezelfde wereldfamilie. Pas daarna worden we lid van een religie of een land. Onder geen voorwaarden mogen onze banden met een religie, samenleving of land ons onze fundamentele menselijke waarden laten vergeten.

Niemand is een geïsoleerd eiland. We zijn allemaal schakels in de grote ketting van het leven. Of we dit nu weten of niet, iedere handeling die we verrichten, heeft een effect op

## Amma's toespraak

anderen. De trillingen van vreugde en verdriet en ook de goede en slechte gedachten die van ieder levend wezen uitgaan, doordringen dit hele universum en beïnvloeden ieder van ons. Deze hele kosmos bestaat in een toestand van wederzijdse afhankelijkheid en ondersteuning. Leven in overeenstemming met dit principe van universele harmonie staat bekend als *dharma*. Het verdriet van ieder levend wezen in deze wereld is ons eigen verdriet en het geluk van ieder levend wezen is ons eigen geluk. We kunnen zelfs geen kleine mier kwaad doen zonder onszelf te schaden. Door anderen kwaad te doen schaden we onszelf. Evenzo wanneer we anderen helpen, helpen we onszelf.

Er zit 's nachts een man met een kaars voor zijn huis. Plotseling blaast de wind het kaarslicht uit. Pas dan worden zijn ogen geopend voor de schoonheid van de glimlachende volle maan en het koele maanlicht. Geen enkele wind kan het maanlicht uitblazen. Evenzo wanneer wij ons egoïsme opgeven, is de gelukzaligheid die we ontvangen, groot en eeuwig.

We moeten ernaar streven om een toestand te bereiken waarin we in staat zijn alle wezens in de wereld, zowel de levende als de niet levende, als een deel van ons eigen Zelf te zien. Net zoals de rechterhand de linkerhand te hulp komt wanneer die gewond raakt, zo moet de mogelijkheid om het lijden van alle wezens als ons eigen te voelen en een intens verlangen om hen te troosten, in ons wakker worden.

Mensen hebben een verschillend karakter en temperament. Hun ideeën en verlangens zijn niet altijd hetzelfde; ze zijn vaak met elkaar in strijd. Maar er is slechts één aardbol waarop wij allemaal moeten leven, dus moeten we onze conflicten hier meteen oplossen. Vandaag de dag zijn we in staat om deze blauwe stip, die aarde genoemd wordt en die het voorhoofd van Moeder Universum siert, te verwoesten. Maar we hebben ook de mogelijkheid om de hemel op aarde te scheppen. De toekomst van de mensheid hangt af van de keuze die we maken.

## Neem de essentie van religies in je op

Alle religies hebben slechts één doel: zuivering van de menselijke geest. Ons egoïsme overwinnen, onze medemensen liefhebben en dienen, groeien naar het niveau van universeel

*Amma's toespraak*

bewustzijn – deze doelstellingen hebben alle religies gemeen. De kern van religie is om deze menselijke waarden te laten groeien en de ingeboren goddelijkheid in mensen wakker te maken.

Hoewel de grondleggers van alle religies de edelste idealen in hun leven realiseerden en beoefenden, konden hun opvolgers vaak niet overeenkomstig deze idealen leven. In plaats van ons te richten op de essentie van de religieuze principes, namelijk liefde en mededogen, concentreren wij ons op de uiterlijke rituelen en tradities, die bij iedere godsdienst verschillend zijn. Zo werden deze godsdiensten, die oorspronkelijk bedoeld waren om vrede en een gevoel van eenheid onder ons te bevorderen, behulpzaam bij het verspreiden van oorlog en conflict. Als we bereid zijn om ons aan de essentiële principes van de godsdiensten te houden, zonder ons te veel zorgen te maken over hun uiterlijke kenmerken en oppervlakkige aspecten, zal religie een weg naar wereldvrede worden. Dit ontkent het belang van religieuze methoden en tradities niet. Zij hebben echt hun eigen betekenis. Zij zijn nodig voor onze spirituele ontwikkeling. Maar we moeten niet vergeten dat deze tradities de middelen voor een bepaald doel zijn en niet het doel zelf.

Stel dat iemand een rivier met een boot moet oversteken. Wanneer de reiziger de andere oever bereikt heeft, moet hij de boot achterlaten en verdergaan. Als hij erop staat zich aan de boot vast te houden, zal zijn vooruitgang belemmerd worden. Op dezelfde manier moeten we meer belang hechten aan het doel van religie en niet gehecht zijn aan de middelen. Religieuze leiders moeten de innerlijke essentie van religie benadrukken en de mensen aansporen de idealen die daarin gevonden worden, te beoefenen. Dit zal helpen om conflicten op te lossen. We moeten niet vergeten dat religie bedoeld is voor de mensheid en niet de mensheid voor religie.

Veel religieuze praktijken voorzien in de behoeften van de tijd waarin zij ontstonden. Wanneer we te maken hebben met de problemen van deze moderne tijd, moeten we bereid zijn om deze praktijken opnieuw te onderzoeken en veranderingen aan te brengen in overeenstemming met de tijd waarin we nu leven. Geen enkele religieuze leider of heilige heeft ooit gezegd dat we alleen de gelovigen van onze eigen religie moeten liefhebben en verdragen. Dat zijn universele waarden. Wat de wereld vandaag nodig heeft is niet religieuze propaganda maar mensen helpen om de essentie van de religie in zich op te nemen.

## Een nieuwe tijd van harmonie onder de godsdiensten

De maatstaf voor een edele cultuur is zijn verdraagzaamheid en ruimdenkendheid om zelfs afwijkende groepen te accepteren. In dit licht moeten we de huidige problemen benaderen en alle verschillende tegenstellingen omvatten. Laten we de misstappen en fouten van het verleden vergeten. In dit tijdperk van mondiale samenwerking moeten alle religieuze groeperingen bereid zijn om in te gaan op de behoeften van de tijd. Laten we de ouderwetse gewelddadige methoden opgeven en een nieuw tijdperk van broederschap en samenwerking inluiden.

## Het herkennen van conflictgebieden

De religieuze leiders van de wereld moeten deelnemen aan oprechte, openhartige discussies, die gebaseerd zijn op begrip van de essentiële doelstellingen van religie. Hierdoor zullen onze misverstanden verminderen en inzicht krijgen in de belangrijkste conflictgebieden. Om de ingewikkelde en tegenstrijdige onderwerpen van godsdienstvrijheid, bekering en fanatisme op te lossen moeten religieuze leiders met een open hart tot een dialoog komen om tot wederzijds aanvaardbare en praktische oplossingen te komen.

Als zulke discussies echter vruchtbaar willen zijn, moeten we eerst de zaden van liefde, vrede en geduld in onszelf planten. Alleen zij die echte vrede in zichzelf ervaren, kunnen anderen vrede geven. Totdat we ons van onze eigen haat en vijandigheid bevrijd hebben, zijn al onze pogingen om blijvende vrede tot stand te brengen gedoemd te mislukken, want onze pogingen zullen gekleurd worden door onze individuele voorkeur en afkeer.

De leiders van drie religies, A, B en C, besloten om een bijeenkomst te houden om vrede tot stand te brengen. God was zo blij met hun pogingen dat Hij hun tijdens de bijeenkomst een engel stuurde. De engel vroeg de leiders wat zij wensten. De leider van religie A zei: "Religie B is verantwoordelijk voor alle problemen. Laat hen dus alstublieft van de aardbodem verdwijnen!" De leider van religie B zei: "Religie A is de oorzaak van al onze problemen. U moet hen in de as leggen!" Nu was de engel teleurgesteld. Hij wendde zich vol verwachting tot de leider van religie C. Met een uitdrukking van ernstige nederigheid zei de leider van C: "Ik wens niets voor mijzelf. Het is voldoende als U alleen de gebeden van mijn twee collega's verhoort!"

Dit verhaal is een parodie op de hedendaagse vredesinspanningen. Zelfs als mensen naar elkaar glimlachen, koken haat en wantrouwen van binnen. Vrede is essentieel voor ons allemaal. Vrede is niet enkel de afwezigheid van oorlog en conflict. Het gaat veel verder dan dat: het is de geest van harmonie in onszelf. Vrede moet gecultiveerd worden in het individu, in het gezin en in de samenleving. Enkel het overbrengen van de kernwapens in de wereld naar een museum zal op zich geen wereldvrede tot stand brengen. De kernwapens in de geest moeten eerst vernietigd worden. Dat is de rol van religies.

## Het bevorderen van verdraagzaamheid en het helen van de wonden van conflicten

Een kenmerk van beschaving is de ruimdenkendheid om afwijkende standpunten en uiteenlopende mensen te accepteren. We moeten in staat zijn om alle problemen met deze houding te benaderen en verschillen die kunnen ontstaan, accepteren. Laat de huidige religieuze leiders en vertegenwoordigers de mislukkingen en tekortkomingen van het verleden vergeten en de wereld een nieuw voorbeeld stellen door hun ruimdenkendheid, wederzijds begrip en samenwerking. Wat de wereld nu op de eerste plaats nodig heeft zijn levende voorbeelden.

Religieuze leiders moeten het voortouw nemen bij het oplossen van religieuze conflicten en het herstellen van vrede in hun respectieve invloedssferen. Deze leiders moeten het ook op zich nemen om een constructieve rol te spelen bij het geven van troost en de noodzakelijke hulp aan de slachtoffers van onderdrukking.

In de beschaafde mondiale samenleving van vandaag mag belangstelling voor religie niet met oneerlijke middelen gewekt worden. Het historische doel van religie is niet het bouwen van scheidingsmuren in de samenleving maar het verenigen van mensen met de band van universele liefde.

## Godsdienstvrijheid

Nu is het de tijd om de geboorte van een nieuw tijdperk van vrede en vriendschap te verwelkomen en boven wantrouwen en geweld uit te stijgen. De beschaafde wereld heeft ieders recht om de godsdienst van zijn of haar keuze te volgen en te beoefenen, geaccepteerd. Er zijn religieuze meerderheden en minderheden over de hele wereld. Spirituele leiders moeten gelijke rechten voor alle godsdiensten aanmoedigen. We moeten ernaar streven dat de fundamentele rechten van godsdienstige en etnische minderheden worden gegarandeerd.

## Het probleem van bekering

Het recht om het onderricht van je godsdienst met anderen te delen wordt algemeen geaccepteerd als een onderdeel van godsdienstvrijheid. Maar er volgen conflicten wanneer verschillende religieuze groepen met elkaar wedijveren bij het verspreiden van hun godsdienst en wanneer zij proberen anderen te bekeren. Vandaag de dag vallen vele families en samenlevingen door een dergelijk conflict uit elkaar. Als antwoord hierop moeten de religieuze leiders samenzitten en richtlijnen formuleren die voor alle godsdiensten acceptabel zijn.

Alle grote religies hebben oneindig veel wijsheid en schoonheid te bieden. We moeten overal voor mensen gelegenheid scheppen, vooral voor jonge mensen, om niet alleen iets over hun eigen godsdienst te leren, maar ook over andere godsdiensten en om voor hun edele idealen waardering op te brengen. In plaats van te proberen het aantal volgelingen te vergroten, moeten godsdiensten een omgeving scheppen waarin men de edele idealen van iedere godsdienst wijs kan accepteren en beoefenen. Laten wij voorbij godsdienstige bekering gaan en eraan werken om bekrompenheid en verdeling te verwijderen. Er is een mantra in de geschriften van de *Sanatana Dharma*[1] die zegt: "Mogen edele gedachten en ideeën overal vandaan naar ons toekomen." Laat dit de slogan van de religies zijn voor het nieuwe millennium.

---

[1] Algemeen bekend als Hindoeïsme.

## Extremisme

Fanatisme en het terrorisme dat het schept, zijn twee van de ernstigste problemen die zich in de moderne wereld voordoen. Religieus extremisme komt voort uit gebrek aan begrip van de fundamentele doelstellingen van religie en uit uitbuiting van religieuze gevoelens. Religieuze leiders moeten activiteiten die menselijke waarden in gevaar brengen, ontmoedigen en moeten een bewuste beweging tegen deze betreurenswaardige activiteiten scheppen.

## Innerlijke verandering: de sleutel tot echte vrede

De sleutel tot wereldvrede ligt bij ieder individu die op deze planeet woont. Net zoals ieder gezinslid de verantwoordelijkheid deelt om het huis te beschermen, deelt ieder van ons de verantwoordelijkheid voor wereldvrede. Liefde en eenheid zijn niet vreemd aan de menselijke natuur. Zij vormen de basis van het menselijke bestaan.

Het is noodzakelijk om materiële benodigdheden zoals voedsel, kleding, onderdak en gezondheidszorg te verschaffen, maar dat is niet genoeg. We moeten veel dieper gaan. We moeten blijvende vrede en geluk in ons leven en in de hele wereld bereiken.

Religie is de wetenschap van de geest. Het geeft inzicht in de aard van de geest. Vandaag de dag zijn we in staat om onze omgeving te airconditionen, maar we moeten nog leren om onze geest te airconditionen. We proberen mensen te clonen, maar we proberen niet om in onszelf een perfecte, liefdevolle en vredige mens te scheppen. Een belangrijk onderdeel van religie is dit zuiveringsproces.

Thans zijn we ons bewust van de noodzaak ons milieu te beschermen en dit is natuurlijk essentieel. Maar we maken ons zelden zorgen over de verontreiniging die negatieve gedachten en handelingen veroorzaken in de atmosfeer en in het bewustzijn van de mensheid. De innerlijke verontreiniging van de geest is in veel opzichten fataler dan de chemische verontreiniging, want die heeft de kracht om de mensheid ieder ogenblik te vernietigen. We moeten daarom onze geest zuiveren.

Een blijvende en positieve transformatie in de samenleving kan alleen tot stand gebracht worden door de menselijke geest te verbeteren. Na de onzuiverheden van egoïsme, jaloezie, haat en kwaadheid in ons verwijderd te hebben steekt de religie het licht van de liefde aan in het hart van de mensheid. Het is de plicht van religie om het leven van de mensen te doordringen van deugden, hun karakter te vormen en hun geest met liefde en zorg voor hun medemensen te vullen.

## Spirituele principes in het onderwijs

De wereld van morgen zal gevormd worden door de kinderen van vandaag. Het is gemakkelijk om in hun gevoelige geest universele menselijke waarden te laten groeien. Als je een paar keer over een zacht, groen grasveld loopt, kun je snel een pad maken, terwijl er talloze tochten nodig zijn om een pad op een rotsachtige helling te vormen. Het onderwijzen van universele spirituele principes en menselijke waarden moet een standaardonderdeel van het algemene onderwijs zijn. Het is niet alleen de verantwoordelijkheid van het gezin. Dit moet niet langer uitgesteld worden, want als er uitstel is, zullen de toekomstige generaties voor de wereld verloren gaan.

Van groot belang zijn nu de talloze jongemensen die zich niet bemind voelen, vervreemd en gefrustreerd. Zij worden opgevoed in een samenleving die hen leert te denken "Wat kan ik krijgen?" in plaats van "Wat kan ik de wereld geven?" Hun wordt door de media geleerd dat geweld een wettige manier is om ieder soort conflict te beëindigen. Omdat zij de juiste leiding en rolmodellen missen, zoeken velen hun toevlucht tot drugs om aan de uitdagingen van het leven te ontsnappen. Dit verwoest hun jonge geest. Het is als een worm die een tere bloemknop aantast. Laten we een beroep doen op de media en de onderwijsinstellingen om hun positieve invloed aan te wenden om de misleide jeugd van de huidige maatschappij om te vormen tot vriendelijke, positieve en vredelievende mensen.

## Economische ongelijkheid

We mogen de essentiële behoeften van de mensen niet uit het oog verliezen, want totdat deze behoeften vervuld zijn, is het voor iemand onmogelijk om naar hogere toestanden van bewustzijn en begrip te streven. Als in één deel van de wereld duizenden mensen van honger omkomen of armoede lijden, is dat een schande voor alle naties. Gebaseerd op het religieuze ideaal van universele verwantschap moeten alle naties en individuen die dat kunnen, hun materiële bezittingen en rijkdommen delen. Er is voldoende voor het overleven van alle levende wezens op deze aarde, maar niet genoeg om de hebzucht van een paar te bevredigen.

Religieuze leiders moeten samen met individuele naties, regeerders en niet-gouvernementele organisaties een rol spelen bij het verheffen van de vertrapten. Mededogen voor onze medemensen is de eerste stap naar spiritualiteit. God is niet beperkt tot één bepaalde plaats maar is alomtegenwoordig. God verblijft in alle wezens, zowel levende als niet levende. God moet ook aanbeden worden in de zieken en de armen. Gods aard is zuiver mededogen. Een verwaarloosde ziel de helpende hand reiken, het voeden van hen die honger lijden, een meelevende glimlach voor hen die bedroefd of terneergeslagen zijn – dit is de echte taal van religie. We moeten Gods mededogen in ons eigen hart en in onze eigen handen aanroepen. Alleen dan zullen we diepe vreugde en vervulling in het leven ervaren. Alleen voor jezelf leven is niet leven, maar dood.

## De plicht van naties

Deze wereld is als een bloem. Iedere natie is een bloemblad van deze bloem. Als één bloemblad aangetast is, zal het spoedig alle andere bloemblaadjes beïnvloeden en het leven en de schoonheid van de bloem zullen verloren gaan. De naties van de wereld moeten zich deze waarheid realiseren en voor de dag komen om de basis te leggen voor een nieuw gouden tijdperk van samenwerking en vreedzame samenleving. Eigenschappen zoals liefde, sympathie en vrijgevigheid zijn niet alleen voor individuen bedoeld. Ze moeten het kenmerk van iedere natie worden en de ziel van de samenleving.

We zijn opgestaan uit de donkere tijden waarin men geloofde dat oorlog en kolonisatie de plicht van regeerders waren. Alle naties en vooral organisaties als de Verenigde Naties streven ernaar om mensenrechten te beschermen en op alle gebieden onderdrukking en dictatuur tegen te gaan. Laat de Verenigde Naties zijn activiteiten uitbreiden naar de hogere gebieden van menselijk bewustzijn. Harmonie onder de naties zal alleen mogelijk worden door de verheffing van individuen. Met dit voor ogen moet de Verenigde Naties de verspreiding van spirituele cultuur en de bevordering van menselijke waarden aanmoedigen.

## Geen enkele inspanning is nutteloos

Sommigen zeggen misschien dat de wereld hetzelfde zal blijven, hoe hard we ook proberen om die te veranderen. Zij kunnen aanvoeren dat het streven naar wereldvrede even zinloos is als proberen om de kromme staart van een hond recht te maken. Hoe we ook proberen om die staart recht te maken, hij zal onmiddellijk terugkrullen. Maar door voortdurende inspanning krijgen we spieren zelfs als de staart niet recht wordt. Op dezelfde manier zullen wij zelf ten goede veranderen of we nu slagen of falen in het tot stand brengen van wereldvrede. Zelfs als er geen zichtbare verandering is, zal de verandering in ons uiteindelijk verandering in de wereld tot gevolg hebben. Bovendien is alle harmonie die nu in de wereld bestaat het resultaat van zulke pogingen.

Het is zinloos om over het verleden te piekeren. Het verleden is als een geannuleerde cheque – niet langer geldig. Gezien alle pijn en verwoesting die ons in het verleden zijn aangedaan, moeten we om een positieve toekomst te scheppen, bereid zijn om te vergeven. Dit is fundamenteel voor alle religies. Toch moeten we leren van het verleden, anders zullen we onze fouten herhalen. Nadat een doorn onze voet geprikt heeft, worden we bij iedere stap alert. Deze alertheid behoedt ons er misschien voor dat we verderop in een gevaarlijke kuil vallen. In dit perspectief moeten we de pijnlijke ervaringen uit het verleden zien. Zij die anderen in het verleden kwaad gedaan hebben, moeten zich nu bezig houden met opbouwende activiteiten om de slachtoffers van hun vroegere onderdrukking op te beuren. Deze principes zijn zowel op regeringen als op individuen van toepassing. Iedere natie moet een atmosfeer van vergevingsgezindheid, openheid, vriendschap, vertrouwen, hulp en ondersteuning bevorderen

## Amma's toespraak

om oude wonden te genezen. Om de wonden te genezen moeten verbroken relaties gehecht worden met de draad van de liefde. Om dit mogelijk te maken moeten we, meer dan intellectuele kennis, een besef van onze eenheid hebben.

De naties en religies die in het verleden met anderen gevochten hebben, moeten het op zich nemen om een nieuwe atmosfeer van welwillendheid, vertrouwen en wederzijdse ondersteuning te creëren. Die naties die in het verleden inbreuk gemaakt hebben op andere naties of religies of hen hebben uitgebuit, moeten het op zich nemen om hulp aan te bieden aan de naties die het slachtoffer zijn geworden. Wereldvrede wordt geboren uit wederzijds vertrouwen. Om dat vertrouwen te laten groeien is een atmosfeer van vriendschap en samenwerking noodzakelijk.

Handelen is veel meer nodig dan woorden. De honger van iemand die hongerlijdt, zal niet overgaan als we gewoon op een papier schrijven: "De honger lijdenden moeten gevoed worden." Laten we ons concentreren op wat we anderen kunnen geven, niet op wat we voor onszelf kunnen krijgen. Alleen dan kunnen we een totale transformatie in onze wereldfamilie tot stand brengen.

Hier volgen nog enkele algemeen erkende probleemgebieden waarop de Verenigde Naties zijn inspanning moet versterken:

ॐ   In Gods schepping zijn mannen en vrouwen gelijk. Maar door de eeuwen heen is de bedroevende conditie van vrouwen niet noemenswaardig verbeterd. Vrouwen, die de mensheid het leven schenken, moet een gelijke rol in de samenleving gegarandeerd worden.

ॐ   Miljoenen mensen lijden aan AIDS en het HIV-virus blijft zich onverminderd verspreiden. Deze ziekte moet onder controle gebracht worden.

ॐ   De Verenigde Naties moet ernaar streven om godsdienstvrijheid te garanderen, spirituele oefeningen aanmoedigen en menselijke waarden verspreiden met het uiteindelijke doel om ruimdenkende individuen te creëren en conflicten op te lossen.

ॐ   Laat de Verenigde Naties de leiding nemen bij de transformatie van een wereld van conflict naar een wereld van vrede door een

*Amma's toespraak*

groep jongeren op te leiden om de gemeenschap te dienen. Deze uitgezonden jongemensen, die de hele wereld onbaatzuchtig dienen, zullen de mensen inspireren om universele menselijke waarden te cultiveren. Wat niet door bloedvergieten bereikt kan worden, kan door liefde tot stand gebracht worden.

ॐ   Terrorisme en geweld tegen mensen in naam van een religie moet op internationaal niveau veroordeeld worden en er moet passend en streng tegen worden opgetreden.

ॐ   Overmatige exploitatie van de natuur moet ingeperkt worden. We moeten een geheel nieuw standpunt innemen en een vooruitziend beleid volgen dat de behoeften en aspiraties van toekomstige generaties respecteert. We mogen van de Natuur nemen wat we nodig hebben, maar als we met hebzucht nemen, zal ons bestaan in gevaar komen.

Enkel materiële vooruitgang zal geen vrede of welvaart in de wereld scheppen. Wat nu nodig is, is vooruitgang die alle gebieden van het leven omvat. Vooruitgang en groei op fundamenteel niveau zullen alleen voortkomen uit liefde en plichtgevoel jegens onze medemensen, die uit een spirituele visie ontstaan. Die vooruitgang en groei moeten plaatsvinden in het leven van het individu en in de samenleving als geheel. Het tijdperk dat we net achter de rug hebben, was de Tijd van de Wetenschap. Nu is het tijd om een nieuw tijdperk in te luiden: de Tijd van Liefde en Spiritualiteit.

Het is mogelijk om de onderliggende eenheid van de mensheid te realiseren terwijl men nog steeds lid is van verschillende godsdiensten, samenlevingen, rassen, culturen en naties – in feite is het de bedoeling dat we dat doen. Want als we de hoogste idealen van een religie in ons eigen leven realiseren, denken we vanzelf ruimer en ontwaakt er in ons het bewustzijn van de ene, zelfde Goddelijke Realiteit die in alle levende wezens schijnt. Egoïsme zal verdwijnen en ons leven zal zo een offer aan de wereld worden. In die toestand van onzelfzuchtigheid, zal gelukzaligheid ons hart vullen en overstromen en zo alle wezens bereiken.

Uiteindelijk is liefde de enige medicijn die de wonden van de wereld kan genezen. In dit universum is het de liefde die alles met elkaar verbindt. Liefde is de basis, schoonheid en vervulling van het leven. Als we diep genoeg in onszelf duiken, zullen we ontdekken dat de ene draad van universele liefde alle wezens met elkaar verbindt. Als dit bewustzijn in ons begint te dagen, zal alle disharmonie ophouden. Er zal alleen blijvende vrede heersen.

Moge het licht van liefde en vrede in ons hart schijnen. Laat ons allemaal boodschappers van universele vrede worden en het hart van iedereen verlichten. Laat zo de glorie van vrede zich overal verspreiden en de duisternis van haat en conflict die de wereld van vandaag overschaduwd heeft, verdrijven. Laten we allemaal ontwaken voor een nieuwe toekomst vol universele liefde en broederschap. Dit is precies het doel en de droom van de Verenigde Naties. Moge de *Paramatman* – de Hoogste Macht – genade over ons uitstorten zodat we dit edele gebed mogen realiseren.

www.ingramcontent.com/pod-product-compliance
Lightning Source LLC
Chambersburg PA
CBHW070635050426
42450CB00011B/3201